9시 뉴스

9시 뉴스

이든시인선 087

유재용 시집

아든북

| 시인의 말 |

9시 뉴스 사르니

하루가 간다

니 맘 사르니

그리움도 간다

별빛 사르니

세월이 간다

❙ 차례 ❙

시인의 말 —————— 5

1부 \ 이슬이 진다

둘 —————— 13
25시 —————— 14
저녁 9시 뉴스 · 1 —————— 15
저녁 9시 뉴스 · 2 —————— 16
저녁 9시 뉴스 · 3 —————— 18
태풍 —————— 19
산다는 게 —————— 20
직사광선을 피하고 건조하고 서늘한 곳에
보관 하십시오 —————— 22
노블레스 오블리주 —————— 23
늙어간다는 것 —————— 24
입추 —————— 25
이슬이 진다 —————— 26
옥수수 밭에서 —————— 27
처서 —————— 28
하루 —————— 30
여생 —————— 31

2부 \ 너의 노래

Central CITY	35
상실	36
신혼일기	38
귀로	39
날갯죽지	40
동거 · 1	41
동거 · 2	42
동거 · 3	43
동거 · 4	44
동거 · 5	45
여줄가리	46
고시레	48
너의 노래	49
독도	50
그리움의 흔적	52

3부 \ 섬이 쓰러진다

작품 No. 209 ——— 55
중환자실 802호 ——— 56
중증 응급환자 C구역 ——— 57
어무이 ——— 58
태풍의 흔적 ——— 59
섬이 쓰러진다 ——— 60
여름밤의 꿈 ——— 62
열대야 ——— 63
폭염주의보 ——— 64
또 하나의 여름 ——— 65
7月 ——— 66
녹綠 ——— 67
하얀 꿈 ——— 68
여름아 ——— 70
밥 ——— 72
장마 ——— 74

4부 \ 치자 꽃향기 흩날리고

화사함이 시듭니다	77
고추	78
돌나물 꽃	79
나비	80
치자 꽃향기 흩날리고	81
코스모스	82
불꽃	83
우중의 꽃	84
달맞이 꽃	85
감자	86
자운영	88
글라디올러스	89
개봉숭아	90
수선화	91
낙과	92
소망	94

| **리뷰** | 아픔의 경계를 넘어선 시의 담론 —— 96

1

이슬이 진다

둘

작은 새는 홀로 젖지 않는다

빗속에서
둘이었다 셋이었다
둘이었다 열이었다

다시 빗속에서
하늘이었다 나무였다
풀이었다 꽃이었다

끝내는
둘이 하늘이었다

비에 젖는 새는
같이 젖어가는 둘이
더 애잔허드라.

25시

어두움 내리고
어두운 악이 흐르면

세상 나방은 죄다
미쳐버린다

빛을 향한
악을 향한

저
광란의 몸부림
피의 아우성

추락하는 너의 영혼 앞에
능갈한 포식자의 눈빛
뭣이었나.

저녁 9시 뉴스 · 1

찌든 서까래 밑
쭈그러진 작은 새야
처진 날갯죽지
쬐그만 눈에 핏기 서렸구나

언제 그칠 거냐고
시커먼 장맛비야 아수라비
뱃가죽이 등가죽이고나

그러자 그리허자
이 비 그치거든
못난 놈 가난한 놈
다 모닥그려

양푼에 고추장 쳐 넣고
보리밥 비벼 뚝배기나
한바탕 배 터지게 먹어나 보자

착하지 착한 새야

저녁 9시 뉴스 · 2

야야
소문에 의하면

꿈을 꾸면 이루어진다
하드라

바르게 살면 행복하다
하드라

근면 성실하면 성공한다
하드라

용서하는 자에게 복이 있다
하드라

야야
수문 그것
암것도 아니드라

허긴
세상 암것도 아니지.

저녁 9시 뉴스·3

겁나게 작렬한다
적 없는 전쟁

진정의 한 복판에서
위대한 밥그릇 땜에
금수의 끝장이 보입니다

올 때 그랬던 것처럼
우리 깨댕이 벗고
퍼붓는 소나기 속으로
뛰어가자고.

태풍

희뿌연 정적 속으로
박꽃이 나뒹군다
허옇게 물들겄다
허연 한숨 미어터지겄다

끝내 녹슨 양철지붕
갈갈이 쥐어뜯더니

굴참나무 숲 속에서
짐승으로 울부짖다

찢긴 바람으로
하염없이 쏟아 붓는다
거침없이 할켜버리다

어두운 것들은 모른다
가난한 밝은 것들의
아픈 한숨소리를.

산다는 게

하늘도 뻘겋게 달아오를 날
난장에 돌댕이로 우뚝 서

사지가 끄실러졌는지
심장이 쩔쩔 끓는지
엔간히 모지란 것들은 알지요

피할 수 없어서
조아릴 수 없어서
머저리로 맞선다는 건

엔간 허면
그늘 찾아 숨어도 보고
바람 쫓아 떠나도 보소

참말로 똑똑한
그 놈 놈이나
이 놈 놈이나

쩔쩔 끓는 가슴
열지 않고서야

어치게
장담 허겄소.

직사광선을 피하고 건조하고
서늘한 곳에 보관 하십시오

길바닥에 수많은 개미 떼

벌건 하늘에
온전치 못한 새들

땡볕 아래 구부린
가난한 사람들

아무도 아프지 말기
아무도 무사하기를.

노블레스 오블리주

나 누구고
너 누군가

낼이면

나 너고
너 나드만

오늘은 너 죽고
낼은 나 죽더라도

젤 중한 맘은
지켜내야지.

늙어간다는 것

농염함 화사함이 시듭니다

누구든 싱싱한 꽃이 좋다하지만
절정의 아름다움을
저는 알아요

세월의 곡절까지 붙안고
꺾어질 듯 꺾어지지 않는
미친 아름다움

스산한 죽음까지 품고서도
썩을 바람 앞에 당당한

당신의 한 점 부스러기까지

눈물나게 사랑합니다
오지게 사랑합니다.

입추

땡볕 아래로 나지막이
나지막이 밭고랑 타고
넘어오는 바람

잠자리 꽃 등허리 부벼댄다

여름 그늘 밑으로 허옇게
깨꽃 자지러진다

재넘이
가을 오시겄다

시방
울어매 정지물 밖
강냉이 익는 냄새
진동허겄다.

이슬이 진다

시퍼런 새벽이 맺히다
시퍼런 피돌기의 절정에

시퍼런 달빛
마알간 별빛도

은밀한 여름밤 심장소리까지
달몽탱이로 끌어안았던

거침없는 사랑이 진다
시퍼런 사내 하나 진다

옥수수 밭에서

여과 없는 땡볕이면
은밀하게 속살 영글어 간다

널직한 잎사귀 단내 풍기며
수염 붉게 물들이고

오래된 흑백 추억까지 실어

물들어 간다
영글어 간다

처서

늙은 사내의 벌거벗은 여름
뒷덜미 야물닥지게 물고

호박넝쿨 그의 집 울타리를
집어 삼키고

비어있는 푸른 지붕만
감나무에 기대 휘청댄다

사방
망개, 망초, 달맞이도 시들허니
갈 길 둘둘 말아 챙기고

지쳐 있는 노을빛만
서둘러 산그림자 만들고

처진 호박 더듬이
솟구치기 전에

늙은 사내 황새목
낫질을 한다

길고 긴 그해 여름
단호하게 낫질을 한다.

하루

신새벽 호박
넝쿨 끈 바짝 조인다

새벽
단단히 달려 보자고

다들
지들 자리에서
야무지게 마음 끈 조인다

하루
어떻게 주어진
가슴 벅찬 축복인데

혼신으로
비상하거라

진정
행복하거라.

여생

빗소리 후두둑거리는 날은
파밭으로 가자

속 빈 것들의 속 빈 노래를 듣다가
내 속도 온전히 비워내자

돌아오는 꿈길이
참말로 구차하구나

2

너의 노래

Central CITY

우리들의 거울 속 우리들
캐리어 녹에 숨겨 두고

너를 광장에
문수만 다른 발자국
수도 없이 떠돈다

아이러니를 찾아
떠나시거니
오시거나
오늘은 비까지 내려
목까지 차오르네
눈물 같은 비가

아
떠나야 할 시간은
잊지 말아요
우리.

상실

굴참나무 숲길에서
쏟아지는 달빛에

아둔한 눈 어설피
멍들어버렸네

갑갑한 시상 휘적이며

생판 낯선 길
생판 낯선 사람 틈

어칫게
넘으실라고

달은 말이 없고
시상 참 소란헌디

낯모를 그 틈새

어칫게 또
넘으실라고

벌써
밤은 깊어

달마저 기우는디.

신혼일기

새벽 풀숲에
RH-315SI 예초기 곡소리
곡소리 속으로 망초 꽃무덤
혼절한다 허옇게

오늘의 태양
영락없이 장엄하고

온 풀숲 땀으로 범벅이고
굴참나무 숲에 멧비둘기
부리나케 날아오른다

시방 누가 죽었고
누가 살아있나.

귀로

넋 떨어지듯 해질 무렵
개구리 섧게 우는 날
부엉이도 따라 울었다

잡힐 듯 지난 세월
절망에 짊어지고

버릴 수도 없는
비열한 거리를 지나

시퍼렇게 동이 트는
깊은 산에 올라 모시적삼에
한 움큼 눈물 쏟아내고 가야겠다

이 길 끝에 그리움 하나
곱게 묻어 두고 가야겠다.

날갯죽지

광란의 바다에
침몰해 버린 하늘을
더 이상 하늘이 아니다

내 술잔 녹에 빠진
하늘도 더 이상
하늘이 아니다

하늘이 없는 새는
더 이상 새가 아니다

내 술잔 녹에 쓰러진
새도 더 이상
새가 아니다

이봐
날갯죽지가 아리다.

동거·1

야문 해 품고서
능청스럽게 너울거려라
콩잎들아

어린 속곳 들이젖드락
너울거려라

서산에 넋 걸릴 때까지는
서산에 눈물 그렁댈 때까지는
여물 해 감추고

너덜대는 가슴
멈추지 않는 기침

넘들은 모르게
암도 모르게

너울거려라
콩잎들아.

동거 · 2

꽃밭머리에
꽃인 양 들러붙어
의뭉떨다가

꽃 필 적에도
꽃 질 적에도
맘만 급해

어쩌까
허둥지둥

날은 저물어
꽃심 영글어가는데
꽃심 떠나가는데

어떤대요
의뭉시런 너는.

동거 · 3

무른 모기장이
푸른 모기를
뚫고

피의 붉은 파편
살아 끈적거리는
이 지긋지긋한
투쟁

너
그리고 나

안과 밖의
끝나지 않을
모순

시방
누구
아프다.

동거 · 4

낭중에
그려

어거지 밤
어거지 삶

낭중에 먹자

니들 땜시 버텨온
니들 땜시의 삶

인자
놀란다

맥없는 뗑깡
맥없는 바람이여.

동거 · 5

오랜 목마름으로
남새밭고랑 푸석거리다

달 가린 밤
소나기 훔쳐

후둑후둑 깻대 젖겠다

또랑 둑 터지겠다

신새벽까지 흐르겠다

울어매 기침소리

미어져 흐르겠다.

여줄가리

계절 어설피
영글어 간다고
들판머리 참
난리법석이다

야물게 영근 참깨
속 터지는 소리

짜잔한 살이
실컷 두들기는 소리

지독한 햇살 쪼개며
여물어가는 것들

짜잘한 소리면 좀 어쩌
짜잘한 살이면 좀 어쩌

햇살 아래 속 열어젖히고
소슬바람 뒤척거리며

말라가는 것도
저물어가는 것도

눈물나게 고마운거지.

고시레

나 죽은 날
차려지지 않을 제사상에

고양이 생선눈 도려내고
설익은 과일 파리가 뜯고
잘 익은 학배기 누렁이가 들이키고
고시레 고시레 고시레

낯설은 귀신들과 얼러리
한바탕 놀다가 가시겄네
고시레 고시레 고시레

맘 편히 드시게나
맘 편히 노시게나

망령이나마 편히
속풀이 하시게나

너의 노래

소쩍새 우는 밤이면
정겹던 보따리 풀어
달그림자에 한 움큼
쏟아내고 싶다

사랑스럽던 너의
수줍은 표정이
과묵한 천둥으로 몰아쳐

명치끝을 후벼파
노을 지는 언덕에
풀빛으로 흩날린다

그저 나직한 바람 곁에
없는 듯 살고 싶다

다 흩어져버린
적막한 옛날로 살고 싶다.

독도

암초 휘저으며 솟구치는
해를 보아라
소름 돋는 정루 속
피서린 함성 들어보아라

용솟음의 소리
철철 끓어 터지는 소리
칼끝 피 흐르던 소리
무녀 애 허지는 소리

그려
내 할아비 새
내 할미새의
상응의 날갯짓 드리어
더는 눈 감아버리고 싶다고
더는 귀 닫아버리고 싶다고

피서린
눈 먼 새의 노래는

귀 먼 새의 노래는
육시럴 헛 몰살에
더는 퍼붓지 말아야겄소
더는 흘리지 말아야겄소

마알간 내 아기의 눈 속에
내 아기의 아기 심장 속에

이 절정의 아름다움
이 포만의 생동을

노래허겄소
기 터지게 노래허겄소.

그리움의 흔적

잿빛 하늘 참 수선스럽다
담장 아래 키 작은
채송화 시들하드라

그렇게 새벽 댓바람에
내 녹 후비던
아기새 울음소리
애끓는 바람 소리에

끝내
안개비는 흩날렸고
몰랐어요
모르고 살았어요

키 작은 채송화는
시든다는 것을
그 자리 그리움 자리
이렇게 크다는 것도

3

섬이 쓰러진다

작품 No. 209

사방무늬 이불
뿌연 줄무늬 커튼
4개의 침대 위에
시들어가는 네 송이 꽃
마른 꽃병에 꽂힌
호스 4개

수시로 들락대는
약장수 거한 관심

그림 참
애잔허다

야야
이것도 호사라면
호사여

참말로
시상, 미적지근허다

중환자실 802호

창밖은 무신해 비 내리고
빗속은 버둥거리는 고독한 새

아직
살아 있음의 소리
느리게 신발 끄는 소리

아우성 속에서도
참 고독하다

절대
혼자서 가야하는
그 길 위에

호젓하게 쑥부쟁이 한 송이
웃고 있었다
그때 흐느끼고 있었다.

중증 응급환자 C구역

허옇게 배롱꽃 꽃가지
찢어지게 피다가
미쳐 토해내던 날

하루 점드락 어매 속
뒤집던 가래도 미쳐
미쳐 토해내던 날

배롱꽃 허옇게 흩날리는디
이백삼십오미리 울 어매
허연 고무신 어디 갔대요.

어무이

먹때왈 시커멓게
익어간다

하늘 시커멓게
물들어 간다

미쳐버린 바람개비

같잖은 눈물
쏙 빼버리고

잘 익은
먹때왈 한 움큼

잘 익은
어무이 눈물 한 움큼.

태풍의 흔적

한 순간에 왔다 가드라

파장에 취해 휘청거리는
바람 몇 가닥 남겨두고

사방 천지 너덜거리는
생채기 흩날리고

아프다
저 넋 놓고 서있는
속 좋은 눈물들

어쩌겠는가
첨부터 다시 가야지

눈물은 무슨 저놈
술 취한 바람 때문이여.

섬이 쓰러지다

우리들의 섬에
기상대 특보대로

미자네 먹여 살리던
착한 배가 난파되고

맹식이가 자야 할
못난 집은 수몰되고

태풍 속보 속에서
어째서
착한 섬만 넋을 잃는가

어째서 못난 우리
죽어야만 조명 받는가

절대
내가 흔들린 게 아니라
섬이 흔들렸고

내가 취했던 게 아니라
섬이 취해버렸다

쓰러진 것이 내가 아니고
착한 섬이었다.

여름밤의 꿈

하늘 끌어내린다
하늘이 내리친다

여리여리 고추잠자리 떼
휘돌아 친 것밖에 모른다

거참 꿈적 않던 하늘이
쏟아져 내린다
발목까지 차오른다

그럴 때도 외었제
그럴라고 했겠제

물자리에서 궁상떠는
낮술에 미쳐가는

두꺼비 등짝 보았다면
후려칠 때 되었겠지.

열대야

절정의 여름
달아오를 대로 달아오른

보아라
보란 듯이 넉넉한 먹구름
소낙비 퍼붓잖여

화형에서의 구사일생
칙칙거리며 구제한 목숨
어차피 꼬실라지겠지만

남아 울부짖을
천하의 식솔들
먹여 살려야겠지

패대기쳐진 영혼
일으켜 세워야겠지
부리나케 일어나야겠지요

폭염주의보

세상 온통 달아올랐으니
나다니지 말란다

하늘도 알고
땅도 알고

그깟 여름
한두 번 견뎠다냐
허겁시럽다 참

어디
시방 저잣거리 날고 있는
니 녹만치 뜨겁겄냐
니 살만치 아리겄냐

폭염
애먼 새 한 마리 잡겄다.

또 하나의 여름

저기 저
고추잠자리 떼
나풀거린다
여름 물들어간다
빙빙

노을 참 곱다
홑겹 바람으로
거침없어라
느긋하여라
붉게

노여움도 없어라
바램도 없어라
이 꿈은 가벼움의
침묵

아
또 하나의 사랑이 가네.

7月

여름이 익어가는 소리
마알간 계곡 물소리

정갈한 물안개 속
너의 꿈속이라면

나
가난한 산나리 꽃이어도
좋아라.

녹綠

둘러봐도 거진
꺼무칙칙 하드만

기억해 봐
무슨 빛이었나
맨 첨에

분명
영롱한 빛이었어
산뜻한 빛이었어

무슨 짓을 했는가

깊이 녹슬기 전에
빗물이라도 쏟아 붓자고
눈물이라도 쏟아 붓자고

너의 빛 찾아서
영롱한 빛 찾아서

하얀 꿈

태풍인가

난전에 바람
억세게 불라

바람 지나간 자리
아무것 없드라
아무도 없드라

하얗드라

덕지덕지 허망
벗겨진 자리

개운하드라

먼지만큼
갖고 있다는 것
알고 있다는 것

쓸쓸하드라 참

모르는 것만큼만
알다가
살다가

하얀 잠
들었으면
좋겠다.

여름아

나오라
뜨거운 심장 뚫고
불꽃 들녘
한 가운데로

온전히 익을 농부의 모습으로
당당히 걸어
나오라

불빛 태양은
너의 살이 되고

시퍼렇던 바람 소리
억센 피돌기 되어

부릅뜬 신새벽
거친 팔뚝으로

저기 더
머리 쳐들 쭉정이
꺾어 들고
나오라.

밥

어여어여 여어루
쌀알 한 번 잘 여문다

땡볕 아래
우렁이야, 오리 떼야
참말로 녹찬 것들

시상판 위에 시상이야
작살나든
지랄나든

어럴럴럴 상사디야
밥 알 한 번 잘 익는다

어느 놈이 진짜든지
어느 놈이 가짜든지
밥 안 먹고 사는 놈
어디 있다든가

여보시오 농부님들 말 들어 보소

굽은 허리

굽은 살림

고봉밥으로다 날려 보소.

장마

낮은 하늘에 먹장구름
고개 내밀면

볼 빨간 복숭아 화들짝
어디에 숨나

장맛비에 흠뻑 젖은
이 마음은 또
어디에 숨나요

스쳐가는 바람결에
젖은 가슴 실어 두고
내 님 뒤에 숨어 볼까

어쩐데요
아직 무지개 언덕 위에
그리움만 가득하고.

4

치자 꽃향기 흩날리고

화사함이 시듭니다

누구는 싱싱한 꽃이 좋다하지만
절정의 아름다움을
저는 알아요

세월의 곡절까지 붙안고
꺾어질 듯 꺾어지지 않는
미친 아름다움

스산한 죽음까지 품고서도
썩을 바람 앞에 당당한

당신의 한 점 부스러기까지

눈물나게 사랑합니다
오지게 사랑합니다.

고추

아직은 후끈대는 산밭 길
지 신발짝도 못 챙기고
맨발로 질질 끌려

누울 힘조차 없이
아무렇게 쓰러진다

붉은 진땀이 난다
아직은 매운 몸뚱아리 다스리며
이승의 마지막 바람에
살 말려간다

마르다
마르다 늑골 으스러지는 날
가루되는 날
먼지가 되는 날

날아가거라
흘러가거라
호된 생이여.

돌나물 꽃

노리끼리 별 하나 가슴에 품고
모진 땅 딛고 일어서는 당신은
참으로 촌스럽고 고달프요
남들은 죄다 넘치는 햇살아래
당당히 왔다 가드만
어찌 그러요 변방에서
봐 주는 이 없는 껄그막에
찬이슬로 간신히 피어나는
당신도 꽃이었나요
오늘밤에는 그 못난 꽃 위에
끝내 찬 별이라도 쏟아지겄다

나비

수의도 걸치지 않은 고사목 위에
진혼곡의 흰나비가 춤을 춘다
외모시 버선발로
깊은 정막의 춤사위

바람에 스치는 적삼이 참으로 곱다
아직 다 내려놓지 못한 이슬 구르고
그렇게 또 하나의 봄은 저물고
한참을 울어야 하는 바람이
온 산을 적셔버린다

고사목도 나비도
진혼곡의 버선발도 하얗게
물들어 간다
공복의 내 가슴까지.

치자 꽃향기 흩날리고

저녁이면 꽃문을 닫고
마실을 갑니다

그립다 그리워도
갈 수 없는 그 길

성근바람 툭툭 쳐가며
하늘길을 갑니다

짐승의 소리 짐승의 소리
휘저으며 내 별나라로

하얗게 하얗게
치자향 흩날리며

하늘길을 갑니다

코스모스

야야
얼른 나으니라
서울양반 지나신다
한껏 모냥 내고 나으니라

줄레줄레 질가에
태극기 흔들어대며

넘들이 말하는
하냥
초롬하게
청순시럽게
흔들어대란 말이다

아나 혹시
눈길 한번 주실는지

불꽃

창창하다 푸른 밤
별빛 참 허겁스럽다

타는 불꽃으로

밤을 죄는 소리
사랑 죄여오는 소리

얼키거라
설키거라

너를 바라보다가
너를 사랑하다가

끝끝내
시커먼 속마름으로
죽거든 피어나거라

우중의 꽃

팍팍했던 땀과 눈물의
폭우 쏟아져 내린다

한여름 밤 짱돌
쳐들고 솟아올린 꿈을
넘들은 모른다

코 밑까지 씨알 익혀
마당 그득 여름 밤
배 물려 놓고

시방 산 밑 언덕
시커먼 폭우 속에

마지막 꽃 피워낸다
마지막 이야기 젖어간다

달맞이 꽃

배가 고파 샛노랗게
휘어질 듯 팔려와

평생을 폐병쟁이
각혈 종지로
정지문도 못 넘어갔던

월봉춘 아침
폭폭한 꽃 달맞이 꽃

침침한 가난 땜시
개같이 끌려와

시커먼 핏덩이 자리
호롱불 밑에 자빠졌지

월봉춘 아침
무덤가에 피었던 꽃

감자

감자에 싹이 나면
다시 궁색한 감자겠지요

푹푹 익어가라
감자밭 고랑

그 고랑보다 더 익을
울어매 젖무덤

젖을 빨았든지
흙을 빨았든지

흙구덩이 속에서
울어매 새끼로
감자의 감자로 뒹굴다
세월 참
모지락스레 묵어가네

어매 어매
잘 익은 여름 밤
고실하게 자리 펴고
감자국 끓일랑게

젖은 걸음 하실라요.

자운영

넉넉한 토끼풀 위에
흰 토끼가 뛴다

내가 알기로는
퍼질러 앉아 먹어도 되는데

옛날부터 그랬다
약한 것들은

우리 어매가 그랬고
오랑캐꽃이 그랬고
토끼풀 위에 하얀 토끼가
그랬다

두근거린다.

글라디올러스

안개 속이라서인가
참, 낯설다

쓰잘데기 없이 뜨겁다
겁나게 뜨겁다

굿모닝 코리아
뭣땜시
누구
누구를 만나시든

뭐시여
요망한 돌부리에
자빠지진 말자고

우리
아직도
낯선 안개 속 글라디올러스.

개복숭아

달아서 너보다 더 달아서
버러지가 먼저 왔다 가시네

온전히 산다는 게
온전히 익는 것이

니 뜻대로 안 되는 건가

등 굽으면 굽은 대로
눈 어두면 어둔 대로

나도 한때 달았었다고

버러지 같은 세상
으그대며 살면 되지.

수선화

물이었나
꽃이었나 참
곱게도 머금었구나

물빛에 미치든
꽃빛에 미치든
미칠만큼 이쁘드라
그려

미치지 않고서야
어치게 그리
미치겄어

혼절해버린 호수에
상심한 별 하나가 지드라.

낙과

붉게 달아오른 산밭에

툭, 맥없이
풋사과 하나가 진다

떨어진 사과는
더 이상 사과가 아니다

35g 만큼의
쓸쓸한 가지는

35g 만큼의
하늘로 오르고

35g 만큼 아픈 산밭
35g 만큼만 울다 그친다

아무 일 없는 바람 뒤에
빗새 그림자 하나가
날아오른다.

소망

노상 곁에 두고도
저는 모릅니다

높새 하늬도 없이
생가슴 불타오르고

소노리 골바람 없이
이내 독 미어터지는지

불현듯 왔다가
불현듯 가시는
당신이 누구신지
모르겠네요

시방, 세월의 늪에서
한바탕
절정의 연꽃으로 피어

어허야
진한 향 풍겨가며
더덩실
흔들려나 봅시다.

| 리뷰 |

아픔의 경계를 넘어선 시의 담론

이영옥 시인

　꺼질 듯 내려앉은 일월의 하늘은 오후가 되어 기어이 함박눈을 싸질러 놓는다. 오랜만에 펑펑 눈을 맞는다. 하얀 눈을 뭉쳐 한바탕 눈싸움이라도 하면 좋겠다. 번거롭도록 오가던 생각들을 잠재우고 뜨겁던 이마에 번쩍 정신이 들도록 냉철한 기운을 불러들이고 싶은 날, 유재용 시인의 시를 읽는다.
　유 시인의 시는 사유가 거느린 자아의 세계와 우리가 지금 직면하고 있는 세계에서 투사가 되어 있다. 세계가 자아 속으로 이입되는 듯하다가 그 속에서 빠져나오려 몸부림을 친다. 부조리와 위선과 위악이 가득 찬 세계, 환경은 파괴되었고 정신은 병들었다. 날마다 새로운 소식으로 분주한 뉴스는 꿈에도 생각지 못한 사건사고로 귀를 멀게 하고, 차마 눈뜨고 봐줄 수 없는 사건들이 줄을 선다. 자아는 세계로 나가야 할 용기를 잃고, 여기에 시인은 대결의 시학을 생성한다.

A.매클리시는 『시학(詩學)』에서 시는 어떤 존재여야 하는지를 그의 시에서 "감촉할 수 있고 묵묵해야"하고 "시시각각 움직이지 않아야"하며 "기억을 하나하나 일깨우며 마음에서 떠나야"하는 존재라고 말한다. 이는 일시적인 것에 좌우되거나 어떤 마음을 강요하는 존재여서는 안 된다는 말이기도 할 것이다. 그러므로 시는 풍경처럼 존재하는 것이어야 하며 어떤 사물이 제자리를 지키고 있듯이 오롯이 존재하는 것이 바로 시라는 것이다.

시가 그런 것이라면 유 시인의 노래는 아프다. 아픈 자리를 후비고 또 후빈다. 이 생을 한번 다녀가는 동안 아프지 않은 사람이 어디 있을까만 유독 유 시인은 그 아픔이 더 세게 강하게 맞닥뜨리고 있는 듯싶다. 작품 「직사광선을 피하고 건조하고 서늘한 곳에 보관하십시오」에서 "길바닥에 수많은 개미 떼// 벌건 하늘에/ 온전치 못한 새들// 땡볕 아래 구부린/ 가난한 사람들// 아무도 아프지 말기/ 아무도 무사하기"를 시인은 소원한다. 시인은 시대에 편승하지 못하고 지독한 아픔을 직설적으로 표현하지 않고 '아무도'를 선택하여 일차적인 자신을 넘어선 모든 이들로 확장하고 있다.

시인은 사물을 인식하고 인식된 내용을 전달하는 과정에서 가장 중요한 감각의 문을 가지고 있다. 보는 것과 듣는 것 이것은 사물 인식의 매체인 시에서 중요한 역할을 발휘한다. 21세기 시쓰기는 무엇일까. 시인은 무엇에 고민을 해야하며 어떠한 시적 대상에 대해 어떻게 사유해야 하는가. 눈치를 보며 시를 쓸 이유는 없지만 시인이라면 이런 정신세계의 흐름에 대해 지극한 관심을 가질 필요성을 느낀다.

시의 공간을 빌려 시인은 생각지도 못한 자극적인 현실에서 끝없이 울부짖는다. 거북하지 않도록 은근한 시골 사투리를 써가며 이별의 아픔, 삶의 기대와 절망에 대하여 시인의 펜 끝은 「상실」에서 "갑갑한 시상 휘적이며// 생판 낯선 길/ 생판 낯선 사람들// 어칫게/ 넘으실라고// 달은 말이 없고/ 시상 참 소란헌디// 낯모를 그 틈새/ 어칫게 또/ 넘으실라"냐며 시의 공간에서 날카롭게 불확실한 현실 상황을 토로하고 있다. 「상실」 작품 외에도 「귀로」「날갯죽지」「이슬이 진다」「늙어간다는 것」 등 여러 작품에서 위태로운 현실을 포함한 어두운 유리창 밖의 세계를 무엇보다 비중 있게 창작의 중심부에 다루고 있다.

서정시가 시류의 전반에서 시의 미학을 차지하고 있는 것은 과거에도 현재에도 다르지 않다. 시인 자신의 주관적인 정서나 감동을 시인의 눈을 통하여 관찰되는 사물, 시인의 영감에 의하여 순간적인 감정이나 생각들이 하나의 모티브가 되어 나타나는 생활의 기쁨과 고뇌 슬픔 등을 가감 없이 노래하고 있다.

유 시인은 시를 통해 스스로의 마음을 정화하고 다스리고 있음이다. 어떠한 이념을 강요하지 않으면서 솟구치는 생명 존재에 대해 끝없이 갈구하고 바르게 인식하려는 시선이 돋보인다. "저녁이면 꽃문을 닫고/ 마실을 갑니다// 그립다 그리워도/ 갈 수 없는 그 길// 성근바람 툭툭 쳐가며/ 하늘길"을 간다. 이름 없고 소외된 곳에서 "짐승의 소리/ 휘저으며 내 별나라"로 간다. 세상 곁에서 시달리며 보냈던 시간들을 접고 치자 꽃향기를 빌어 자유롭고자 한다. 그래야 다음날도 그 다음날도 살아낼 용기를 획득할 수 있으리란 저변의 의지를 보여주고 있다.

소시민이기에 껴안을 수밖에 없었던 아픔들, 행복이란 말조차도 공허한 말처럼 들리는 불안의식 속에서 시인은 역설적으로 "치자향 흩날리며 하늘길을 갑니다"라고 잔잔히 의지를 내비치고 있다.

유 시인의 시가 생채기 난 곳을 다시 콕콕 찌르듯 아픈 것은 고통 속에서도 새 생명을 탄생시키듯 시인의 경험과 상상력을 통한 리얼리즘 처리가 돋보이기 때문일 것이다. 그러한 힘이 시를 이끌고 재구성해나가는 원천이 되고, 작품 편편에 응축된 그의 시가 주목받아야 할 이유이기도 하다. 보편적인 것은 긍정적일 수 있지만 변화를 가져오기는 어렵다. 새로운 도전을 강행했으니 혹독한 대가를 치르더라도 멈추지 않기를 기대해본다.

이든시인선 087

9시 뉴스

ⓒ유재용, 2022

발행일 2022년 2월 8일
지은이 유재용
발행인 이영옥

펴 낸 곳 이든북
출판등록 제2001-000003호
주   소 34625 대전광역시 동구 중앙로 193번길 73
전화번호 (042)222-2536 | 팩스(042)222-2530
전자우편 eden-book@daum.net
카   페 http://cafe.daum.net/eden-book
블 로 그 https://blog.naver.com/foreverlyo5

ISBN 979-11-6701-123-7 03810
값 10,000원

* 이 책의 판권은 지은이와 이든북에 있습니다.
* 이 책 내용의 전부 또는 일부를 재사용하려면 반드시
  양측에 서면 동의를 받아야 합니다.